マンガ　不正会計の真実

粉飾決算は終わらない

［脚本］清水　昭男　［作画］小川　集

Pan Rolling Library

はじめに

　投資やビジネスを動かすのに、夢や希望はもちろん大きな要素です。しかし、最も重要なのは〝数字〟です。数字は、新規のビジネスや投資であれば「目論見書」、既存のものであれば「決算書」のなかで、企業の夢や希望を経済的に支える構造として示されます。これらによって投資やビジネスは当事者の域を超えて、第三者を取り込んで拡大できるのです。
　そして当事者と第三者の間に介在するのが、アーサー・アンダーセンなどの監査法人です。数字そのものはウソをつきませんが、その数字を算出する過程で間違いがあれば、結局はウソになってしまうのです。ですから、監査法人は、正しい数字を算出するための〝正しい根拠〟や〝解釈のルール〟を企業の決算に徹底させます。
　それによって、不正確だったり、企業にとって一方的に都合の良い夢や希望は排除され、数字には一貫性が保たれるのです。数字が正確であることで、第三者は企業のリスクや将来性を把握することができ、さらに投資やビジネスの比較・

検討が可能となります。つまり会社やファンドなど、当事者による数字や言葉以外に、こうした監査法人が間に入ることで「ウソをつかない数字」があり、夢や希望を描き出すことができるわけです。

２０００年代初め、あるケーブルテレビ局で相場レポートを担当していた私は、次から次へと発生する米企業の問題行動に圧倒されていました。例えば、コングロマリットであるタイコ・インターナショナルの幹部による企業の私物化であったり、新薬開発会社のイムクローンによるＦＤＡ（米食品医薬品局）への臨床検査の虚偽データ提出であったり、それはＩＴバブルの残骸のなかに焼け残った自由経済の醜悪な息づかいの数々でした。

そんななかで発覚したエンロンの粉飾決算は、それでもその大胆さと傍若無人さにおいて比較対象が見つからないほどの大ニュースでした。エンロンの粉飾決算に対してイメージを掴みかねていたほどです。しかしエンロンの崩壊に伴って解散の憂き目をみたアーサー・アンダーセンに対しては、発覚以前から個人的に近しいものを感じていました。なぜなら経済報道に関わっていた私は取材先として多くのアンダーセン関係者を知っており、イリノイ州の大学を卒業した私の同期にはアンダーセンに就職した者もいたからです。
しかし、知っていたつもりのアンダーセンを、知人やニュースソースとしてではなく、会社組織として私が見直したのは、同社が崩壊した後のことでした。
私も一度、監査法人の仕事ぶりを目にしたことがあります。１９９０年代初め、仕事でニューヨークに会社を設立したときのことです。東京の親会社は、超一流の弁護士事務所と監査法人（アンダーセンではありませんでしたが）をコンサルタントに付け、私が現地のコーディネーターとして参加しました。
その会社は、為替の取引システムとそのネットワーク営業を目的としており、営業開始間もない状況では顧客数も限定的で、既存のサービスをシステム化したものだったため料金設定も低価格でした。しかし、客先に設置する高価な機器を在庫として多く保持しており、新興企業としては破格の資産を計上していました。会計上は、満杯のダムの水をスプーンですくい出すような数字の流れでした。
そして、ニューヨークの子会社にも最初の決算日が近づいてきます。設立段階でお世話になった監査法人に決算書の制作を依頼すると、高額の報酬見積もりが出され、東京の親会社からは「法外だ」として、協議しろとの指示を受けました。

親会社が渋々納得する額に見積もりを落とした末、実際の決算業務のために監査法人から派遣されてきたのは、オペルさんという20歳代半ばの女性でした。彼女はその後、昼夜を問わず36時間ほどぶっ続けで事務所のマネジャーと連絡を取り、銀行の預金通帳や在庫管理表などの整合調査を行いました。さらにその後、作業コストを軽減するために、この監査法人を経て独立したというCPA（米国公認会計士）が作業に加わり、決算書作成は無事に終了したのです。

私が覚えているのは、自分のファイル管理が欠陥だらけだったということと、食べ続けた中華とピザのデリバリーのメニューだけですが、とにかく彼らの勢いに圧倒された出来事でした。

アンダーセンに就職した私の友人たちも、このようにそれぞれのキャリアをスタートさせたのだと思います。しかし、彼らの多くはそのすべてを失いました。

金銭的な安定感だけでなく、プロフェッショナルとしてのプライドや使命感といった彼らのエリートとしての裏付けは、それを支えていたアンダーセンというブランドとともに自由主義経済の藻屑と消えていったのです。

２００８年7月　清水　昭男

Contents

※この物語はフィクションです。

【免責事項】
本書は、パンローリングより刊行された『マンガ　監査法人　アーサーアンダーセン』を文庫化にあたり加筆、再編集し改題したものです。

第1章　アンダーセンの終幕

―監査法人の崩壊―

2002年7月30日
ホワイトハウス
大型の企業破綻 またそれに伴う 会計疑惑
株式市場の 混迷…
アメリカの資本主義は 試されてきました
その精神が 正しく運用され 投資家・年金受給者を 保護することを目的として
サーベインズ・オックスリー 企業改革法を制定します

これによって会計・監査制度・コーポレートガバナンス(企業統治)
企業倫理規定の改革が進み改善されることを望みます
ニューヨーク・ブルックリン
ハッチンソン家

…カースティン
大変だったわね
でもこれで
監査の仕事が
しやすく
なるわ
そうだな
事務所は二重人格
だったから…
投資家に対する
責任はあるし
監査する会社は顧客
でもあるし…
セシル叔父さんにも
リサ叔母さんにも
心配かけちゃったね
そうさ
自分の両親と
義理の両親
両方を満足
させるなんて
大抵の
花婿には
無理な話さ…

会社には いつまで 残るの?
アンダーセンは 来月末で 監査業務から 完全撤退するから もうしばらくは 残務処理だな
ここ3カ月 作業を続けて いるけど
90年近く続いた 監査事務所だから 閉鎖するとなると いろいろ作業が 残っていて…
残っているのは アンダーセンに 対する 未練なんじゃ ないの?
…未練?

後悔なら
トラック20台分
くらいはあるな
でも
世界的な企業の
会計監査をしてきた
アンダーセンという
会計事務所が
閉鎖されるのは
時代の象徴なのかも
しれない

経営者の報酬が企業の株価に左右されるようになれば
実態よりも収益を良く見せようとして会計を操作するようにもなる
監査にもプレッシャーをかけてくるだろう？
でもセシル会計は企業の資金の流れを解釈したものなのよ
企業が自分に有利なように「解釈」したいのは当然ですべてが「操作」ではないと思うわ
もちろん企業のプレッシャーを監査が跳ね返せれば問題はないが…

株主や投資家に代わって
その会計を監査し
企業の実情が「正確」に
反映されているかを
確認するのが
会計事務所の
役割なんだから…
それなのに
商業主義に走って
監査人としての魂を
売りものにしたから
会計事務所は
信用を失ったんだよ
公認会計士は
買収された
審判だったんだ

企業会計の暴走を
止められなかった責任は
会計事務所にも
あるけれど…
監査以外の報酬が
会計事務所の収入の
大部分だったなんて…
公正な監査を
期待できる
状況では
なかったんだよ
……
……
株式市場の下落が
こんなに続くとは…
年金生活者としては
生活設計を
やり直さないと
いけないいな

セシル…
ＩＴバブルの崩壊は
会計監査の責任じゃ
ないのよ
でも
最高益の更新を
続けて発表
していた会社が
次々に破綻して
いるんだよ
都合よく操作された
業績発表を
誰も止めることが
できなかった
なんて…
そんなことは
許されない!!
………
………

ブッシュ大統領は
サーベインズ・
オックスリー企業改革法に
署名した
この法律は
企業と公認会計士の癒《ゆ》着を避け
会計事務所の利益相反を排除し
発表される業績に対する
企業幹部の責任を
明確にしたものである
この法律を施行することで
株式市場は失った信用を
取り戻そうとしていたのだ
NEW YORK STOCK EXCHAN
………
そしてそこには
世界最大の
会計事務所だった
アンダーセンが活躍する
場所はなかった…

2002年3月2日
東京・午前2時

アーサーアンダーセン
CEO（最高経営責任者）
ジョセフ・ベラディーノ（51歳）
ルルルルル
ああ私だ
それで…？
…わかった
弁護士は何と言ってる？
クライアントの動きは？

…………
…だとすると
合併工作は
これまで以上に
難しくなるな…
アメリカ国内にある
オフィスの再編と
海外オフィスの
他社への移転は
これまでどおり
進めてくれ
シュル…
パサッ
ふう

ベラディーノはシカゴ本社からの電話によって米連邦検察官がアンダーセンを司法妨害で起訴する方針を固めたとの報告を受けた
前年の12月ガス・電力などのエネルギー供給会社エンロンが
粉飾決算を背景に米史上最大となる634億ドルの負債を抱えて経営破綻
ENRON
アンダーセンはこの会社の会計監査を請け負っていた
エンロンの破綻に対する株式市場の反応は大きく

監査姿勢を指摘された
アンダーセンに対して
SEC(証券取引委員会)
などの当局は
法的な措置の準備を
進めていった

またSECはこのとき
会計操作の疑いで
ワールドコム(通信会社)の
調査にも入っていた
この会社も
2002年7月
1038億ドルにのぼる
負債総額で
エンロンの記録を更新して
経営破綻した
そしてアンダーセンは
ワールドコムの会計監査も
請け負っていたのだった

2002年3月22日
シカゴ
アンダーセンを潰そうとする当局の動きに反対してシカゴでは職員を中心に数千人が参加して抗議集会が開かれた
株式市場と世論の怒りを静めるためにアンダーセンが生贄にされようとしていたからである
ウオオオ
公認会計士の任務は犯罪を見抜くことではありません
私たちには犯罪摘発のための訓練も権限も与えられていません!!
ザワ
ザワ
ザワ
ザワ

そうだ!!
オーー
そのとおり!!
オーー
I am Arthur Andersen
I am Arthur
政府は大型企業破綻の責任を私たちに押しつけようとしているのです
アンダーセンに対する殺人行為です!!
ワーー
ウォォーー
そうだそうだ!!
ワーー
ワォォーー

2002年3月26日
ニューヨーク
ザー
シカゴの集会に続いて
ニューヨークでは
抗議デモが行われた
小雨から豪雨へと空模様が
厳しさを増すなか
ザー
ザー
数百人が集まり
当局の不当を
訴えた
リサ叔母さんが
持たせてくれた
コーヒーポットを
抱えて
私もこのデモに
参加していた
道行く人も少なく
冷たく寂しい
抗議デモだった

カースティン！
アリスタ!!
すっごくひさしぶり
アンダーセンが存亡の危機にでもならなきゃあなたと会う機会はないのかしら
こんなところで何をしているの？

一応私も
アンダーセンの
関係者でしょ
………
コーヒー
どう？
暖まるよ
ありがとう
いただくわ
それで
あなた
どう思う？
どうって
…？

下船するネズミの話よ
………
再就職先は何かアテがあるの？
アンダーセンはダメなのかなあやっぱり…
まだ何も決めていないんだ
他の会計事務所とかクライアント（顧客）先とか…早く手を打ったほうがいいわ
ベラディーノは辞任したしもう時間の問題よ
!!

悔しいけど
アンダーセンの崩壊を
止めようとする人は
もう誰もいないのよ
どうして？
アンダーセンが
会計操作をした
わけじゃないのに!!

仕方がないわ
今さら…
クライアントも
アンダーセンから
離れていってる
ようだし…
アンダーセンに
監査されては
投資家に
誤解されるとでも
思っているのかな？
ガ
そうね
今の状況では
アンダーセンの監査は
逆効果だわ
それじゃ…
ボルガー氏
(元FRB議長)を中心に
監査専門会社として
アンダーセンを
再生する話は…？

信用が回復
できなきゃ
現実味が
ないわね
そんな夢みたいな
こと言ってないで…
ガ
悪いこと
言わないから
あなたも早く
荷造りを始めた
ほうがいいわ
不器用な
ネズミか…

サー!!
タ
タ
ベラディーノ!!
この時間は
世界最大の会計事務所
アーサー・アンダーセンの
CEOを辞任したばかりの……

ジョセフ・ベラディーノ氏がゲストです
辞任したのは今日ですね？
そうです
昨年末アメリカ史上最大の負債を抱えて経営破綻したエンロンの会計監査を巡ってアンダーセンに対しては司法妨害が指摘されているなかでの辞任となります
このタイミングでの辞任の意味は？

今回の起訴については
重大に受け止めています
一方で
アンダーセンは
有能な
プロフェッショナルの
集団です
私が辞任することで
アンダーセン職員を
取り巻く状況が
少しでも
改善すればと考えて
決意しました
CEOの辞任と同時に
アンダーセンは
上場企業に対する
監査業務から
8月末をもって
撤退することも
明らかにしています
アンダーセンという
船が沈没すること
そして沈没する場所が
決まったことで
CEOとしての
職務は終わったと
考えてのこと
でしょうか？

裁判の結果がどうなろうとアンダーセンが有能なプロフェッショナルの集団だという事実は変わりません
ただ私がこの時点で辞任することで責任の所在を明確にする必要があると考えました
実際にエンロンの件では司法妨害があったということですか？
そうではなくてアンダーセンという組織を運営する者としての責任です

私が辞任しその責任を明確にすることでアンダーセンを再編する痛みが少しでも緩和されればと願っています
司法妨害はあったとお考えですか？
一般投資家に対する監査法人としての責任は果たされていたとお考えですか？
与えられた状況のなかで監査法人として正しい判断をし職責を果たそうと努力してきました
その姿勢が疑問視されているのは非常に残念です

世論を満足させるために当局がアンダーセンを「潰した」という見方があります
一方監査法人として問題のある行為を繰り返してきたアンダーセンによる「自殺行為」の結果だという見方もあります
……
真実はどちらだとお考えですか？
……

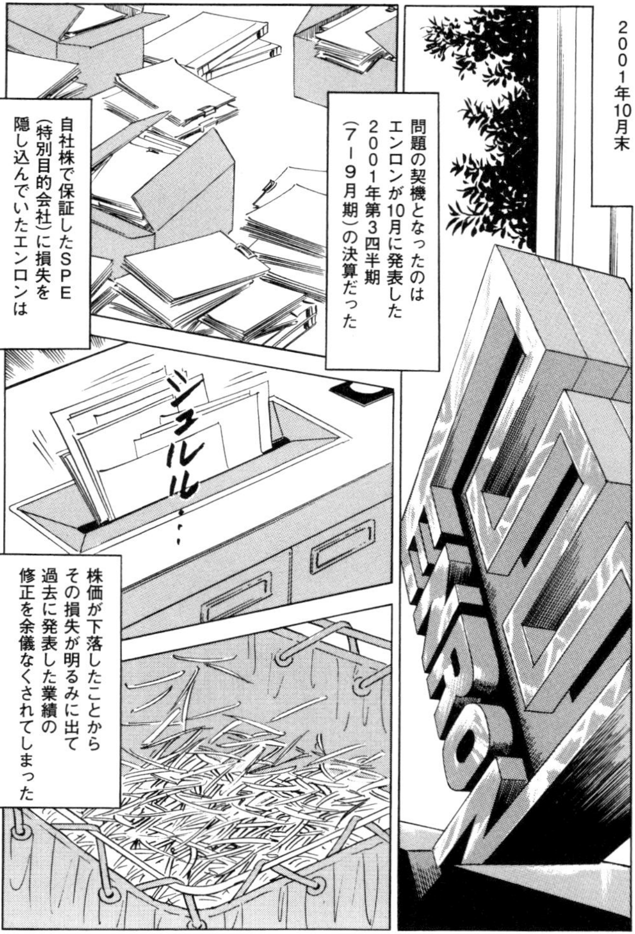
2001年10月末
問題の契機となったのはエンロンが10月に発表した2001年第3四半期（7－9月期）の決算だった
自社株で保証したSPE（特別目的会社）に損失を隠し込んでいたエンロンは
ジュルル…
株価が下落したことからその損失が明るみに出て過去に発表した業績の修正を余儀なくされてしまった

市場の信頼を失った
エンロン株は下落を続け
SPEは損失を
吐き出し続ける
結局　資金繰りがつかなくなった
エンロンは2001年12月
634億ドルの負債を抱えて
経営破綻したのだ

２００1年10月末
ヒューストン
このエンロンの監査を
担当していたのは
デビッド・ダンカン…
アンダーセンのヒューストン
オフィスのパートナー
（共同経営者）である

エンロンが第3四半期の
決算を発表した1週間後
SECはエンロンに対して
子会社との取引に関する
書類を自主的に
提出するよう求め
そして10月末　SECはこの調査を
本格調査に切り替えた
その一方でダンカンは監査関連の書類を
大量に裁断処理していたのだ

監査終了後に
監査判断を支える
最終的な資料のみ保管し
それ以前のメモ類を
処分するのは
通常の作業だが…
ただ　訴訟の可能性がある場合には
すべての書類を保管するのが
アンダーセンの方針だった
結局　書類の裁断処理は
11月8日にアンダーセンが
ＳＥＣから召喚状を
受け取るまで続けられ
ダンカンはその間
コンピューター内の
関連ファイルを含めて
トラック26台分の書類を
処分してしまっていた

2002年1月10日
アンダーセンは
ダンカンとエンロンの
監査チームの
3人のメンバーを
解雇したことを発表
そして……
1月15日
ヒューストン連邦
地方裁判所で
アンダーセンは
司法妨害の
有罪判決を受けた
3月14日には
連邦検察官が
アンダーセンを
司法妨害で起訴

5月13日には
アンダーセンの元パートナー
ダンカンが司法妨害を認め
そして6月15日
陪審員は
アンダーセンに対して
有罪判決を下した…
どうしてこんなことに
なったのか？
私は混乱していた
………
公認会計士として
企業の業績や財務の状況が
的確な形で
投資家に伝えられるように
手助けをしてきた
つもりだったのに…
ザー

「的確な形」のためにはクライアントである企業と激論を交え　間違いを正し誤魔化しを見抜いたこともあった
社会正義の一端を担っているという自負だってあった
しかしいつからか監査は「クライアントサービス」になりさがり社会正義には「利益」が求められるようになっていたのだ…

バッ
I am Arth
Andersen
ザー
バサッ

SOX法と株式市場

２００２年に制定されたサーベインズ・オックスリー法（SOX法、米国企業会計改革法）は、企業会計や監査を含めて、包括的にコーポレートガバナンス（企業統治ともいう。企業の内部統制や不正行為を防止する機能のこと）を定めた法律です。日本では、２００７年9月末に「金融商品取引法（以前は証券法と呼ばれていた）」が全面施行されました。これが「日本版SOX法」と呼ばれたりしています。

新たに内部統制報告書の提出が義務づけられ、企業の内部統制やコンプライアンス（法令順守）に重点を置いたこの規定は、粉飾決算や企業の私物化などの企業犯罪を防止する目的で制定されました。SOX法では、監査や企業会計の適正化の観点から、外部の会計会社や証券アナリストとの癒着防止まで、幅広い改善策が取られています。

この物語にあるように、SOX法制定の契機となったのは、エンロンやワールドコムなどの大型企業とその背景にあった会計疑惑です。ITバブルの崩壊という痛手を受けた株式市場は、なんとしても投資家から信用を取り戻し、次の投資テーマを見つけなければならない時期でした。その前提条件となる企業の数字に関する投資家の不信感は、なんとしても払拭する必要があったのです。

ただ、規制強化は企業にとっては痛し痒しなのです。例えば、どの国でも銀行などの金融機関に対しては特別な規制を課していて、「金融庁登録済」や「FSA（金融庁）監督下」などの文言は、こうした機関の利用者や投資家に一定の安心感を与えることができます。

一方、企業にとっては、こうした規制に順ずるためにそれなりのコストを要することになります。また、幹部が「企業会計に対して個人的な責任を負う」というSOX法の規定は、企業家にとっては自社株の上場リスクと感じられても不思議ではありません。

2007年夏までの米株上昇は、世界的な好景気による収益環境の改善を背景としていました。さらに、こうした株価の上昇を支えたのは、記録的なM&A（企業買収）でもありました。投資会社であるジョーダン・エドミスト・グループの調べによると、2007年のM&Aは838件（前年比+32％）、総額

1090億ドル（同+79%）で、過去最高を記録したとされています。

サブプライム問題が台頭してきたことで、2007年夏以降のM&A活動が激減しました。それを考えると、それまではM&Aによって急速な勢いで上場銘柄が証券市場から姿を消していただろうことが伺えます。ビジネスの好環境を背景に、株価指数を歴史的水準に押し上げたのは投資銘柄の減少でもあったのです。

一方、2007年における新規の株式公開（IPO）は、米国が296件／調達総額651億ドルだったのに対し、欧州市場は813件／1172億ドルとなっています（PwCアドバイザリー社調べ）。さらに、香港と台湾を含む中国市場での調達額は、世界シェアで2005年の18%から2007年には36%に拡大した、とされています（同）。

各国と比較しても明らかな米株式市場の新陳代謝の悪化は、SOX法など、企業規制の強化が影響しているとも言われています。

第2章　アーサーズの量産

―監査業務の均一性―

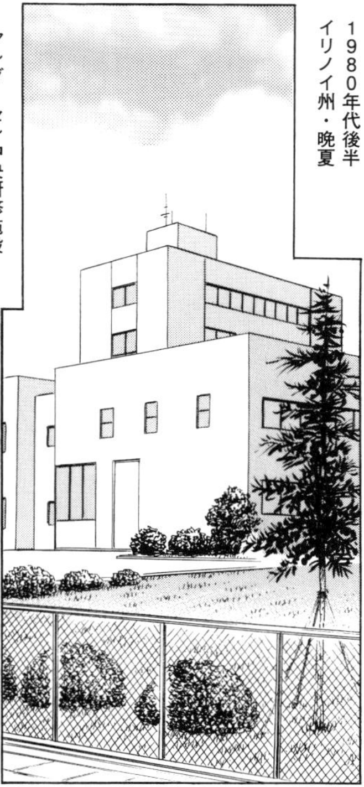
1980年代後半
イリノイ州・晩夏

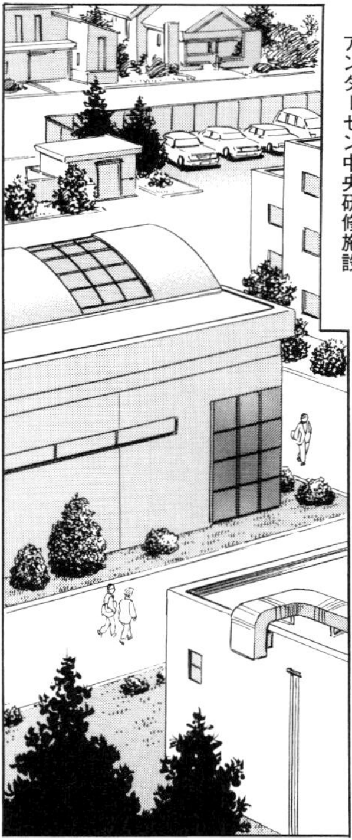
アンダーセン中央研修施設

新入社員諸君
セント・チャールズ
研修施設にようこそ
ここにいる
諸君の何人かは
5年ほどでマネジャー
（現場責任者）
12年ほどでパートナー
（共同経営者・社員）に
なります
そしてその間に
諸君の多くは
アンダーセンを
去ることに
なるでしょう

ただ
パートナーに
なる前に
そして
アンダーセンを
去る前に諸君は…
「アンダーセン」という
「価値」を共有する
プロフェッショナルに
なります

アンダーセン
アンドロイドね…
!?
アンドロイド…
わからない？
求められて
いるのは
アンダーセン的で
均一化された
社員なのよ
個性がないって
いうこと？
アンダーセン流を
着実に実行できる
人材っていうことね
………

そして我々は
アンダーセン・アンドロイド…
つまり「アーサーズ」になるべく
アンダーセン流を
この新人研修そして
定期的に実施される社内研修で
厳格に仕込まれた
「正しいサービスを行う
信頼できるスタッフ」は
1913年に31歳の
アーサー・アンダーセンが
会計事務所を立ち上げた
ときからのモットーだ

実際アンダーセンは
社員教育に熱心で
純収入の15～20%を
専門職の育成プログラムに
振り向けていた

私とアリスタは
イリノイ大学の
会計学部で同期
仲間の多くが
ウォール街を
目指すなか
会計事務所は
地味な
就職先といえた

もっとも
シカゴ育ちのアリスタは
父親が弁護士
母親はCPA(公認会計士)で
彼女の両親が運営する
経営コンサルタント事務所は
シカゴでも中堅の部類にある
GEORGE DIAMOND
一方　一族のなかでも
初めて大学に進学し
卒業した私は
イリノイ州中部の
トウモロコシ農家で育った
口下手で要領が悪い私に
野心は乏しく
会計という専門職が
魅力だった

研修を終えた私たちは
シカゴオフィスの
法人監査部に配属された
直属のパートナーに
紹介されてから
ノートパソコンを渡され
早々にクライアント先へ
行くようにと言われた

忙しそうだったね？
自分の席がどこにあるのか聞いてくるべきだったな
あなたの席？
新人にデスクなんてないわよ
??
どうせクライアント先からクライアント先へ外回りばかりしているんだもの
オフィスに机があっても無駄だわ

席はなくても給料はきちんと振り込んでくれるんだろうね？
会計事務所なんだから
そのあたりに間違いはないよね？
おそらく…
ブロロロ…

ガチャッ
タ
タ
タ…
そして
クライアント先…
私たちは
アンダーセンの
最前線へ足を
踏みいれた

カチャ
カチャ
カチャ
カチャ
カチャ
カチャ
アリスタ
見つかった
かい
何もないわ…
今のところは
フウ
それじゃ
そろそろ
四半期ごとから
月次に
データを
切り替える？
…そうね
その前に
領収書と
月次の支払いを
照合して
おきましょう
コキ
コキ

信憑類ファイルは
どこにあるの？
こっちの山よ
新人の仕事は領収書
納品書・請求書などが
集められた
信憑類ファイルの確認
そしてデータの作成
支出とファイルを照合し
正確な支払いが行われて
いるかを確認するのだ
さらに監査の現場担当者の
指示に従って営業コスト・
売上・銀行預金の残高…
などについて月ごと・
四半期ごとの推移を確認する
データの推移に
著しい増加や減少が見られれば
その原因も確認するという
作業だった

資料を集め　確認し　データ化する…
明けても暮れてもこれが
長時間にわたって繰り返される日々──
アンダーセンでの年間離職率は
15～20％だが
新人の離職率はそれよりもずっと高い
数字になっていた
うーんっ

それでも5年後には
私もアリスタも
シカゴからニューヨークの
事務所に移り
マネジャーに昇進し
監査の現場責任者と
なることができた
ニューヨークは中西部の
トウモロコシ畑で育った私が
初めて経験する大都会で…

私は母の妹にあたる
リサ叔母さんの
家に下宿することに
決めたのだった

アンダーセンとは

アーサー・アンダーセン（1885―1947年）は、移民の息子として生まれました。両親の死によって16歳で孤児となり、苦学して公認会計士の免許を取得した1913年にパートナーとともに監査法人を立ち上げます。同時に、母校のノースウェスタン大学で会計学の教鞭もとっていました。会計教育に心を砕き、顧客企業の誘惑に乗らなかったことで多くの逸話を残すアンダーセンは、その後の会計学と会計基準に確固とした考え方を構築した偉人です。

1960年代から始まった急速な発展期に、ライバルの監査法人が大型買収を繰り返して巨大化していく一方、アンダーセンは独自に規模を拡大する戦略を通じてその純粋さと「アンダーセン的」な価値観を守り、企業会計における高品質なアメリカンブランドとして、業界に君臨しました。

ところが2001年10月17日、経済紙のウォールストリートジャーナルが、エンロンの不正会計疑惑を報じます。SEC（米証券取引委員会）も捜査に動き出し、エンロンの会計監査を担当していたアンダーセンによる監査書類の証拠隠蔽への関与が発覚しました。
2002年6月15日、ヒューストン連邦地裁は、この証拠隠滅容疑に関して有罪評決を下します。これによって監査法人としての信用が失墜したアンダーセンは、解散へと追い込まれました。
この連邦地裁の表決を不服として連邦最高裁に控訴したアンダーセンは2005年5月31日、無罪判決を勝ち取っています。しかし、逆転勝訴となったものの、汚名が返上されるべき名門監査法人はすでに解散した後でした。
本書の資料ともなっている『Inside Arthur Andersen』（邦題は名門アーサーアンダーセン消滅の軌跡、スーザン・E・スクワイヤ、ロルナ・マクドゥーガル、シンシア・J・スミス、ウィリアム・R・イーク著、シュプリンガーフェアラーク東京刊）は、そのサブタイトルを『Shifting Values, Unexpected Consequences』としています。「価値の変化と予期しなかった結末」とでも訳すのかと思います。この本の中で語られる「価値」はもちろん、信用が失墜したことで監査法人としての「価値」を失ったアンダーセンを指しています。
しかしそれ以上に、企業「価値」の認識変化とそれがもたらした結末に多くの部分を割いています。「仕入れコストがあり、売り上げがあり、営業コストがあり、その結果として残ったものが利益」という初歩的な考え方からは恐ろしくかけ離れたところまできてしまった近代会計は、もはや誰の手にも負えない魔境に達しているのです。

例えば、どの時点で利益が「実現」するのかは、利益を定義するうえで重要なポイントです。しかし、エンロンが多用した「時価会計（ある時点の時価で資産や負債を評価する）」という会計手法は、利益を（嵩上げ、または圧縮）操作することのできるツールです。これによってエンロンは、現在と未来の時空を超えて、会計上の利益を自由自在に「実現」しているように見せていたのです。

このように、会計手法が多様化するとともに、企業の価値判断も複雑化していきました。同時に、商業組織としてのアンダーセンは「純粋さとアンダーセン的な価値観」の定義を、自らに都合よく解釈する集団へと変化していったのです。

第3章　情報開示の良心

―監査業務の均一性―

1990年
石油元売会社
!
カースティン！営業コストの月次データなんだけど…
どうした？
1933年の連邦証券法1934年の証券取引法で株式を上場している企業はその会計処理について外部監査を受けなければならないことになった
つまり上場企業は社外の公認会計士によってその会計処理が的確・合法的に行われていることを確認される義務を負ったのだ
ORK STOCK EXC

この外部監査を請け負うのが
公認会計士をそろえた
アンダーセンのような
会計監査事務所である
ただ我々にとって企業は
監査報酬を払ってくれる
クライアントであり
企業は必ずしも実際の
数字を公表したがらない
ことから「監査」という
仕事は微妙な作業となる…

たとえば
この石油元売会社では
「儲ければそれでよい」
というわけでは必ずしも
ないようで…
月次データが夏とか冬とか季節的な要因とはまったく別の要因で増減しているみたいなんだ
売上は？
それが… 売上が増えると営業コストが上がる 売上が減ると営業コストも下がる…
カチャカチャ
どれどれ…

ジョン…
悪いけどニューヨークの原油相場のデータを取り寄せておいてくれないか？
え？

当時　中東では
イラクがクウェートに侵攻し
アメリカを中心とする連合国は
イラクのサダム・フセイン大統領に
クウェートからの撤退を
迫っていた
アメリカはイラクに対して
国連を舞台に政治的な
圧力をかけるとともに
アラビア海に空母を
集結させるなど
軍事的な圧力も強めていた
供給不安から
原油価格は
上昇していたのだ
中東からの原油は
何日くらいで
着きますか？
4週間程度…
だな
原油価格は
イラクの
クウェート侵攻を
受けてすでに
大きく上昇して
いますが
イラクの撤退が
遅くなれば
さらに上昇するので
しょうね？

政治的な解決か それとも軍事的か…
私にはわからないが いずれにしろ クウェートでの情勢が 安定するまでは 原油価格が下がる 要因は見当たらない ようだね
北半球の国々では これから冬がやってきて 原油は需要期を迎える ことにもなる…
厳しい寒さが 予想以上に長く 続くとなれば 石油元売の売上は 増えますね
売上は増えるが 原油価格が 上昇しているから 利益はあまり 変わらないんだ
そうでしょうか？ 会社は6カ月分の 備蓄を持って います
売っているのは 値上がりする前の 原油ですね
!!

安く仕入れてあった原油を高値となった価格で卸すわけですね？
それも系列を避けてあえて独立系の業者に…
そっそれは…
部長収益の増減を会計で調整しようとするのは問題ですよ
リベートを払う形で収益の増加を抑えリベートを払い戻してもらうことで収益の減少に対応するのは
利益を操作していることに…

カースティン
君の言うことは
正論だ
ただ
軍事的な緊張状態を
背景にもたらされた
原油高で
我社が大きな収益を
報告するのは…
世論の反感を
かうことに
なるだろう？
収益に見合った
額を納税すれば
国民も納得します
海軍にいる私の
従弟もアラビア海に
向かっています
みんながそれぞれに
緊張の代償を
分かち合って
いるのです
アメリカは
非常事態に
向かっているの
かもしれませんが
世論に誤解される
のではなく
世論を誤解して
しまうことを
恐れるべきです
国民はそんなに
愚かでは
ありませんよ

カッ
カッ
カッ
はあ
はあ
カッ
カッ
カッ
アンダーセンは会計監査と
コンサルティングサービスを
ひとまとめにした戦略の
先駆者だった
カースティン
遅いぞ！
コンサルティング業務は
設立当時から
アンダーセンの重要な
ビジネスになっていた

監査を通じてクライアントの
ビジネスに精通している
アンダーセンは
そのビジネスの改善に向けた
助言（コンサルティング）を
行いやすい立場にあり
アンダーセンのコンサルティングサービスは
1952年ゼネラル・エレクトリック社の
給与・資材管理システムを構築するなど
コンピューター技術のノウハウを確立して
他社に差をつけていった
1960年代にはアンダーセンの
売上の20%をコンサルティングが
稼ぎ出すまでになる
そして
コンサルティング部門の売上が
アンダーセンの売上の
半分以上になってくると
コンサルティング部門は
公認会計士に支配された会社に
限界を感じるようになった

1989年
コンサルティング部門は
アンダーセン・
コンサルティングとして
独立（現アクセンチュア）
ところがアンダーセンは
新たなコンサルティング部門を
社内に再構築したのだ
カツ
カツ
聞いてないの？
困っちゃうわね
今日の
ミーティング
私も同席する
ことになって
いるのよ
君も!!
監査の
現場担当者は
二人でやることに
なったのかい？
そうじゃなくて
コンサルティングの
売り込みよ

先方には話してあるから
スー……
あなたは私を紹介するだけでいいわ
しくじらないでよ
ズー
……

…したがって監査のスケジュールは前回よりも1カ月ほど長期化するものと考えられます
このぶんの監査費用を反映した監査報酬の見積りは再度提出させていただきます
そんな…
日程を調整できないのはそちらの問題でしょう？
しかし四半期決算を連結に切り替えるのは当初の計画にはありませんでしたし
傘下にある小会社を含めてすべての数字が集計された連結決算に対応するには当方にもそれなりの準備が必要なのです

連結の四半期決算は株式市場からの要請です
我が社の株価が同業他社に比べて立ち遅れているのは決算の情報開示が貧困だからです
我が社にとって必要なサービスをアンダーセンが提供できないなら提供してくれるほかの会計事務所を探すだけです！
提供できないとは言っていません
監査報酬を値上げするなら同じことでしょう？
我が社の業績は好調でこれは周知の事実です

実際
株価も堅調に
推移しています
我が社にとって
会計監査を
受けるのは
義務でしか
ありません
監査法人が
アンダーセン
である必要は
ないのです！
……
わかりました
もう少し
考えさせて
ください

!!
それから………
私は御社のコンサルティングを担当させていただくアリスタと申します
よろしくお願いします
? ?
?
四半期ごとの業績報告それも単独ではなくて連結で…
素晴らしい方針ですわ
ただこれまでと同様のプロセスでは対応できません

だから…作業を前倒しにして早目早目に…
お言葉ですが処理する数字の量が問題なのではなくてプロセスが問題なのです
プロセス…？
数字を処理する仕組みがなくては正確な集計ができません
結果的に決算報告を修正する可能性が高まります
そうして修正が続けば市場からの信頼に傷をつけることにもなります

せっかくの情報開示の方針が逆効果にもなりかねません
……
子会社と本社を結んだ会計システムを導入しましょう
これなら連結数字の集計なんてアッという間です

ズン
ズン
タ
タ
タ…
そんなに怒らないで…
クライアントをつなぎとめたし売上は倍増するのよ
カッ
カッ
カッ
カッ

君のせいじゃない
誰のせいでもないけど…
監査が軽視されるなんて悔しいじゃないか!!
カースティン!!
カッ
カッ
カッ
会社がうまくいっているかぎり会計監査に何の意味もないなんて…
誰がやっても誰にやらせても同じだなんて…
カッ
カッ

そんなこと
あるもんか!!

!!
良心!!
監査は良心のサービスなのよ!!
!?

業績が良くても悪くても
それが正しく
企業の会計報告に
反映されていると…
監査の「良心」を
一般投資家は信じているの！

アリスタ
わからないかな…
誰の良心でもかまわないとクライアントは言っているんだよ!!
……
カッ
カッ
カッカッカッ
…カーステイン見損なったわ私…
!?

アリスタと知り合ってから10年を経たが
突き放して去っていく彼女を見て
彼女が異性であること
それも相当に魅力的な異性であることに
私がそれまでひどく無関心だったのは
なぜなのか…
不思議に思えてならなかった
同時に
アンダーセンでは
ビジネスコンサルティングが
隆盛期を迎え
監査の「良心」は行き場を
失っていった…

ニューヨーク
アンダーセンのオフィス
株式市場が堅調に推移したことから1990年代を通じてM&A(企業の買収・合併)が盛んになるが複数の企業がひとつになるM&Aは会計事務所にとってクライアント数の減少を意味していた
またM&Aを通じて企業の規模が大きくなったからといって必ず監査報酬が引き上げられるわけではない…こうなると監査報酬の確保は切実な課題となっていった
…というわけで

既存のクライアントからの売上目標を引き上げること
それから新規クライアントを開拓するのは最重要課題なのでマネジャー間でも連携した営業体制を確立する必要があるんだ
こうなるとパートナー（共同経営者）に昇進するべきかちょっと疑問だな

パートナーのほうがノルマきつくなっているようだし…
まったくだよ！
パートナーは年間2万時間の仕事量を確保しろなんて殺人的だよリストラ策としか思えないね
パートナーの首切りなんてアンダーセン創立以来のことよね？
監査報酬は頭打ちだしパートナーの数は増えるばかりだ
これまでのやり方は通用しないんだ

監査報告書にサインしているだけじゃなくてパートナーにとっての最大の仕事は収益の拡大なんだ
監査が貢献できる収益なんて…知れているだろう？
そう…監査業務はすごく効率が悪いのよ
時間を売っているわけだし1日は24時間しかないし…
つまり監査を営業の糸口にしてコンサルティングのプロジェクトを売り込めということなんだ

この間ボクが監査を担当しているクライアントにコンサルティングのプロジェクトを売り込みに行ったんだ
結局市場調査のレポートを作ることになったんだけど…
20万ドルの請求書を書いたらパートナーに呼び出されて…「請求額は50万ドルにしろ」って言われたんだ
………

監査の役割

米国では、1929年の株価暴落とそれに続く世界恐慌を背景に、ルーズベルト大統領のニューディール政策の一貫として市場整備が進められました。それまでの時代は、有名な投機家であるJ・リバモアがマサチューセッツ州、ニューヨーク州、ニュージャージー州などを飛び回り、荒稼ぎをしていました。このあたりのことについては、『マンガ 伝説の相場師 リバモア』(小島利明著、パンローリング刊)に詳しく描かれています。

米国市場に上場している銘柄の均一性の保持や、証券取引の監視体制の確立をするため、州政府から連邦管理に証券市場を移管されることになりました。それに伴い、2つの法律が制定されます。

連邦証券法(1933年)では株式の上場規定が定められました。株式上場のときに企業が開示する情報について、会計士の承認が義務づけられました。また、連邦証券取引法(1934年)では、SEC(米国証券取引委員会)の設立が定められました。

法的な意味において上場企業に義務づけられている「監査」とは、外部の会計士によって決算書を承認してもらうことです。

決算書は、財務状態（貸借対照表）と経営状態（損益計算表）という、2つの要素で成り立っています。利益が増えれば財務状態は改善し、この改善した部分（儲け）を説明するのが経営状態というわけです。

もちろん、こうした書類の作成にはルール（会計原則、監査基準）が定められています。監査の焦点は、決算書がそのルールを順守して作成されているかを「批判的に観察し、その正否・適否、または当否を判断すること」（『新会計監査詳説』日下部興市著、中央経済社刊）にあります。それぞれの監査法人は、書類作成上のルールとともに慣例や判例を反映した監査手続きのマニュアルを持っており、それに従って作業を進めるのです。

現在の企業会計では､監査の方針がリスク（企業目的の達成上にある不確実性）を重視したアプローチへと変化していることもあり、決算書の最終的な数字よりも、その数字の成り立ちや今後予測される変化のほうに注目されつつあります。監査の視点は従来よりも一歩踏み込んだものに変わりはじめたのです。

第4章　解釈と表現方法の多様化

―監査の役割―

今度の出張から
戻ったら
少し休むといい
働きすぎだ
仕方ないさ
監査なんて
量のビジネス
なんだから
人件費の安い人間を
大量に使うしか
利益を確保する
方法がないんだ…
人件費の
安い人間だって
休暇は取る
だろう
高額所得者
だけが
休暇を取るなら
飛行機の
エコノミー
クラスには
誰が乗るんだ?
ブロロロロ

大丈夫!! コストの安い人間が出張のときに使うから
…でもこうなると昇進も考えものだな
おまえもそろそろパートナーだろ？
その心配は無用だね ボクをパートナーに推薦してくれる人なんていないもの
ただパートナーがリストラされる時代だし 幸運だと思えないこともないな
ブロロロロ…

M&Aが盛んになる以前の1950年代~60年代アメリカ企業は州・国を超えてビジネスを展開するようになり
それに伴って会計事務所にも地理的な拡大が求められた

ロンドン
東京
アンダーセンを
監査会社とするクライアントは
アメリカ国内のどこであっても
アンダーセンのサービスを
求めた
そしてそれは
ロンドンでも東京でも
同様だった
国内オフィスのネットワーク化
国際業務への進出で
数多くあった会計事務所も
再編されていく

1960年代には
大手の会計事務所は
アンダーセンを頂点とする
「ビッグ8」の8社に
集約され
そして90年代には
「ビッグ6」…
さらに「ビッグ5」と
なっていった
新東京国際空港
Narita Terminal 1
Airport Limousine

「クライアントの行くところ国際会計事務所も行く」
ということで…
アメリカから出たこともなかった
私は１９９０年代初めに
日本を訪れた
oh…
beautiful!
あるクライアントの
日本法人で
在庫管理調査を
行うためだった

アメリカの本社向けにスポーツシューズを作っていたこの日本法人だが本社はコストの上昇に頭を悩ませていた
90年代初めには外国為替市場で米ドルに対して100円を割り込むなど日本円が高騰しており

日本法人によって製造された
スポーツシューズは
アメリカ市場へ向かうため
ドル価に置き換えられた瞬間
本社にとって
高額な資産に
変質したためである
どうですか…
本社のほうは？
外部監査を
担当しているだけ
ですから…
私がわかる範囲は
限られていますが…
為替を含めて
コストが上昇して
いることへの懸念は
強いようです
やはり…
工場は移転
するので
しょうか？

コストだけを考えるのであれば移転先の候補はアジアにたくさんあるでしょう
為替動向は動かせませんが…
そのほかのコストに関しては最大限の努力をしているつもりです
……
……
……

ルルル…
在庫の量が増えていますね
現在の為替水準では本社も積極的に商品を引き取ろうとしないのです
ただ為替相場で円が強いためゴムなどの原材料は安く手に入ります
なるほど…

しかし最終的にドル換算することで原材料費の低下幅は吹き飛ばされると…
そうなんです
会議室
カチャ
カチャ
カチャ
カチャ

カチャ
カチャ
チ
チ
チ
チ…
フウ…
コン
コン
カチャ
会議室
おはよう
ございます
オハヨウ
ゴザイマス

徹夜ですか？お疲れさまです
コーヒーをお持ちしましょう
アリガトウゴザイマス
ウーン
パチッ
ゴシ
ゴシ
ワ
ワ

神様マイケル・
ジョーダンを擁する
シカゴ・ブルズ…！
NBAタイトルに向けて
驀進を続けています
一方バスケット下の魔術師
ロバート・ヒューイングを
擁したニューヨーク・ニックスは
ブルズの連勝を
止められるのでしょうか…

ザワ
ザワ
すごいですな ブルズは!!
シカゴの…イリノイ州の誇りです
オオ
それ行け
ブルズはチームとしての最盛期を迎えています
今年こそNBAチャンピオンでしょう

ワー
すごい人気ですねバスケットボールは…
そりゃスポーツシューズを作っている工場ですから…
スポーツ好きが多いのは当然ですよ
日本全体でもそうでしょうか？
??
NBAですよ！
ブルズのジョーダン ニックスのヒューイング サンズのバークレー
バスケットボールの人気はどうですか？

そうですね…
上々だと
思いますよ
来年(1992年)の
バルセロナ・オリンピックには
ジョーダンを含めて
レイカースの
マジック・ジョンソン
セルティックスの
ラリー・バードなど
NBAのスター
プレーヤーたちが
ドリームチームを結成して
参加するという話も
ありますし…
そうなれば本格的に
日本でのNBA人気に
火がつくかもしれません
ペラ
ペラ
ペラ
ペラ
な…
うん
うん

結局　工場長は日本国内の
高級スポーツシューズ市場への
参入を決断した
ブルズはその年（1991年）
NBAチャンピオンに輝き
90年代前半の黄金期を
形成していった
一方
外国為替市場では95年に
1ドル80円を割り込むまで
円が高騰した
しかしこの工場は
原料価格の低下と日本市場での成功で
日本円の利益をドル換算して
円高を好影響として反映させることが
可能となったため
日本工場はアメリカ本社にとって
重要な連結子会社のひとつと
なることができた

資産と利益

正確さとルールの徹底が監査業務の第一歩だとすれば、次は存在する数字の検証から存在しない数字の予想（査定）へと、監査の視点は移ります。

時価会計から仮想将来価格会計への進化を見ても分かるように、企業決算はその視点を過去から将来へと移行させつつあるのです。要は、利益を先取りすることで（攻めの会計）、決算書の利益の質が相対的に劣化させられているわけです。『攻めの会計における早期の利益認識』（高寺貞男著、大阪経大論集 第55巻1号、2004年5月）では、「ライバル企業が攻めの会計を利用した場合、そのほかの企業は同じ方法を取る、または、独自のより積極的な攻めの会計手法を用いる」という流れが拡大した1990年代の米国市場のありさまを描写しています。この場合「どの程度先までの利益を決算に反映させるか」がポイントになります。

実際、利益の元となる販売の確定に関しては、微妙な判断が求められます。例えば、毎月発表される「自動車売り上げ（Auto Sales）」という米国の経済統計は、製造工場から出荷された車の台数がそのまま反映されています。つまり、完成車はそこからディーラーに運ばれ、買主が現れるまでは自動車会社とディーラーの「在庫＝資産」として計上されているのです。ですから、そこに悪意があるとは思えませんが、本当の意味で利益といえる数字になるまでには、もう少し時間を要します。

こうした慣例はやはり業界ごとにあるようです。ほかにも、販売のプロセスが複雑なシステム業界において、売り上げが確定するタイミングとは、顧客が契約書にサインしたとき、それともシステムが設置されたとき、はたまた検品を経て納品が完了したとき……など、さまざまな基準が考えられます。この場合、顧客の購入意思がどの時点でどの程度まで確実に反映されているかがポイントになります。ただ、どちらにしろ時期尚早な売り上げ判断は、決算書に現れる利益という数字の質を低下させることになります。

先の論文で高寺教授は「質の良い利益は持続可能である」として、「利益の不安定性の規模が大きくなればなるほど、（利益、またはその）発生（認識）の質は低くなる」との命題を導いています。要するに「構造的に発生する利益でないのなら、その利益の質は低い」ということです。

ただ、うまくいっているときに、なぜうまくいっているのかという原因が検討されることはあまりないのも事実のようです。アンダーセンが関わったエンロンの破綻劇では、エンロンはエネルギー卸という複雑な業態を隠れ蓑に、投資家が企業の構造的な利益に関する疑問を挟むことを許しませんでした。

会計上にしか存在しない利益を次々に報告したエンロンは、「利益構造のブラックボックス」と呼ばれます。そして、そのブラックボックスから吐き出される利益という数字の規模と、連続性に踊らされた投資家たちは、利益の質に対して疑問を挟む余裕が無いほど興奮していました。

「数字ゲーム」と化したエンロンの決算書は、つじつまを合わせるため、次第にグレーゾーンへと歩みを進めていきます。一方、エンロンの監査を担当しており、ルールと均一性の番人だったはずのアンダーセンは、このつじつま合わせに対して「Ｎｏ」と言うことができなかったのです。

第5章　本心との葛藤

―会計監査のバランス感覚―

M&A（企業の買収・合併）にはリズムがある たとえば企業の業績が好調で経営に関して積極的な方針が採られているとき M&Aは多発する
YORK STOCK
そして 好調な業績と積極経営は株価上昇の条件でもある
アメリカでは1960年代に施行されたプーリング法（買収・合併の相手方の営業権を計算に入れることを可能にした）を背景に 1970年代に 第1次M&Aブームが起こった
NASDAQ
ただ すべてのM&Aが成功するとはかぎらず 監査法人に対する訴訟も多発していた

1968年には情報の開示が不十分だったと裁判所が認めた場合監査報告が「会計原則を遵守している」だったとしても
公認会計士は法的責任を免れないという判決が下されさらに監査法人に対する訴訟は増加した
1990年代も株式市場が堅調に推移するなかでM&Aが盛んになっていく
一方　監査法人は1995年の民事証券訴訟改革法で集団訴訟の対象から免除された監査法人に対する訴訟は監督機関であるSECを通じてのみ行われるようになったのだ
AOL Time Warner
Mobil
EXXON
hp

ニューヨーク
敵対的な買収ではないかぎり
一般的なM&Aの場合
当事者である企業も
M&Aを仲介する投資銀行（証券会社）も
M&Aに積極的であることが多く
必ずしもそうではない会計事務所の
立場は微妙なものだった
クライアント先の
大手医薬品メーカーでも…

…これこそ社長の
お探しになっていた
買収物件だと
思います
現在の
一般医薬品部門を補強し
医療用医薬品部門へ
新たに参入することで
御社の業界内の地位を
向上させることが
可能になります

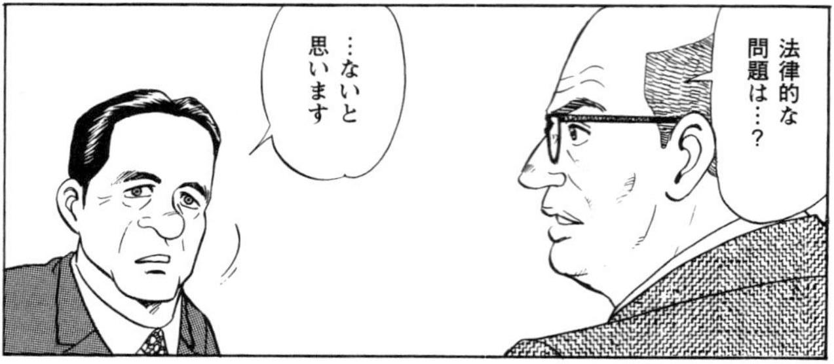
法律的な
問題は…？
…ないと
思います

医療用医薬品部門へはほとんど新規の参入ですし相手側は一般医薬品分野では商品を持っていません
買収による商品配置は補完的で独占禁止法などに抵触する可能性は考えられません
カースティンどう思う？
公表されている範囲で相手会社の会計報告を調べました
先方の事業展開は新薬を中心に好調です
ただ自社のR&D(研究・開発)費用に比べて新興のバイオテクノロジー関連会社への出資が突出しているのが気がかりです

自社での
新薬開発は
失速気味で
他社頼みに
なってきている…
ということか？
社長
それに関しては
ですね…
新薬の開発リスクを
回避したビジネスモデル
ということでして…
新薬を開発
するうえでの
役割分担はどう
なっているんだ？
それは買収の
方針を表明して
さらに詳しい
会計資料を
手に入れないと
判断できません

そうですね
先方も早期に買収の話を進めたい意向のようですし…
前回の話し合いでは「臨床試験の代行を依頼している程度」という説明だったが…
ギシッ
……

数日後
アンダーセンのオフィス
XXYYの買収を決断／医療分野へ進出!!
ついに本格的な買収に踏み切ったな

そのようだね
もう少し
調べたかった
のに…
そんなこと言っている
場合じゃないだろう!!
相手会社の
監査事務所に
買収後の仕事を
取られないよう
今からでも
きちんと
営業しておく
ことだな！
……
クライアントが明確に
買収の姿勢を表明したことで
監査法人として
こちらも対応を確認しておく
必要があったのだが…

すかさず
このクライアントを
担当するパートナーから
呼び出しを受けた
カチャ
買収が
成功した後も
アンダーセンに
監査を任せて
くれるそうだ
今
社長から
確約を
もらった
………

そこで
アンダーセンとしては
買収賛成の方向で
以後のミーティングに
参加していく
しかし相手会社の
新薬開発には
問題があるよう
ですし
もう少し
詳しい内部資料を
確認する必要が
あると思います
買収についての
最終的な判断は
それからでも…
報酬は
買収総額に
連動した
成功報酬なんだ
ガタッ

この買収総額は
少なくとも
30億ドル
アンダーセンの
報酬が
その1％だとして
3000万ドル
この買収案は絶対に
成功させなければ
ならない
しかし
確認するべき
資料をすべて
見ていないのに
買収を支持する
方針を固めて
しまうのは…

クライアントが「買収」の方針なんだ! ここで反対すればアンダーセンは今回の話から外される
買収後も監査の仕事は約束されているし
ここで波風を立てることでアンダーセンが得る利益はない!
…わかるな? カースティン
………

スッ
スタ
スタ
スタ…
それから…
買収に関する
クライアントとの
ミーティングに
これからは私も
立ち会うから
よろしく
バタッ

製薬会社
…ということでパイプライン（新薬の開発状況）が豊富であることから
今回の買収では非常に価値のある「無形資産」を手に入れる結果になると考えられます

諸君
よくまとめてくれた
当社としても
今回の買収の効果は
非常に高いと
考えている
これまでの
一般医薬品分野に加えて
医療品分野に
進出することで
将来に向けての
強固な基盤を
整備することになる
それから…
買収資金の
調達についてだが…
それについては
私のほうから…
ガタッ

買収金額の
30億ドルについては
株式交換と現金での
支払いとなります
10億ドルについては
先方の株主に対して
新規にこちらの
株式を発行し
残りの20億ドルは
社債を発行し
資金を調達します
こちらの株価は
ここ3年来の
高値水準にあり
株価に対する
新規発行の影響は
限定的でしょう
社債については
格付け会社から
最上級の格付けを受ける
予定となっています

新規に発行する株数はどれくらいになりますか？
！
現在の株価が20ドル程度ですからおよそ5000万株となります
バサッ
今年の年間配当ですが…
ツン
ツン

1株について1ドル25セントを予定しています
新規に発行する株もその対象になるとすれば6250万ドルの配当資金が新たに必要となりますが…
買収会社の収益もありますが…内部留保の取り崩しで対応できるでしょう
配当のために内部留保を取り崩すことはできません
工場建設のため昨年末に実行された銀行融資にある財務制限の条項によって
「配当の原資はキャッシュフローのみ」となっています

配当予定を
修正する
必要があるな
ギッ
ガタ…
このタイミングでの配当引き下げは今回の買収に影響を及ぼす可能性があります
新株発行に加えて予定配当額を引き下げれば株価の下落は避けられないでしょう
買収の契約が確定するまで株価は安定していることが望ましいのですが…

四半期決算発表で配当引き下げの可能性を公表しなくてはならないだろうか？
！
我々が現在どの程度の確実性で配当引き下げの話をしているのか？
このあたりがポイントです
……
私は「可能性」の話をしているにすぎないと思います

買収でキャッシュフローは確実に拡大するわけですし…
決して実行不可能な配当額ではないでしょう？
配当引き下げの可能性を公表すれば株価が下がる
株価が下がれば新規に発行する株数は確実に増える
株数が増えれば予定していた配当を実施するのはさらに難しくなる

結局プレッシャーに負ける形で
楽観的な収益予想を背景に
予定配当は維持された
だが　M&Aの落とし穴は
意外なところに口を開けていた…
…………
関係を引き継いだ
バイオテクノロジー会社が
自社株でのインサイダー取引事件を
引き起こし破綻

次世代の新薬を開発していた
この会社を失ったことで
クライアントは医療用医薬品部門での
将来的な事業展開について
考え直さざるを得なくなった
新薬開発能力という価値ある
「無形資産」は結局
無形のままとなってしまった

会計監査のバランス感覚

多くの監査法人では早くから、監査や税務などのサービスに加えてビジネスコンサルティングをサービスの主流としていました。そして1980年代までには、どの監査法人も同様に、監査業務よりもコンサルティングの収入が突出するようになっていきます。

監査や税務という仕事は、顧客との間にドライな関係を必要とするものです。それに対して、コンサルティング業務は顧客との間にウェットな関係を構築して、企業の内側に入り込み、ニーズを察知することが必要となります。これらの相反する業務の兼業は、監査法人を二面性の葛藤へと落としこむことになります。

アンダーセンは当時、すでにIT技術を導入したコンサルティングを展開しており、この分野での収益は監査・税務業務における報酬額をしのいでいました。これによって、ルールと均一性を実践するうえで非常に重要な〝顧客からの独立性〟を維持することが困難な状況となっていったのです。

そしてアンダーセンをはじめとする多くの監査法人は、監査・税務というドライなサービスをしながら、ウェットなコンサルティングの仕事にも結びつけていくという、プロフェッショナルとしてのプライドを捨てたともいえる営業組織へと変質していきます。

前出のＳＯＸ法では、顧客と監査担当の癒着防止に配慮した規定が設けられました。例えば、顧客企業を監査対象として継続的に担当できる期間が決められ、監査法人によるコンサルティング業務の兼業を禁止事項としています。

収益の変化によって企業がその姿を変えるのは、自由経済の常識なのかもしれません。しかし、自由経済の不完全さを補うために存在する組織が、利益という蜜の味を追い求めることは、必ずしも良い結果をもたらすとはかぎりません。

例えば、取引所の株式会社化です。世界の取引所は株式会社化を進める一方、大同迎合を続けています。会員組織から株主組織へと変遷を遂げた取引所は、明確に収益追求を目的とする商業組織となったのです。世界最大の取引所グループ、NYSE Euronextは、米国内にニューヨーク証券取引所（ＮＹＳＥ）やアメリカン証券取引所（ＡＭＥＸ）など４つの証券取引所を、さらにロンドンに１つ、そして欧州大陸のパリやアムステルダムなどに４つの取引所を傘下に持ち、

２００８年第一四半期に過去最高となる2億３０００万ドルの純利益を上げています。

こうした欧州と米国の取引所をグループ化する動きは、上場銘柄に対する規制強化の動きに反応した米国取引所による世界戦略の結果であると指摘できるでしょう。

ただ、取引所には自主規制機関（ＳＲＯ）としての責務があることを、忘れてはなりません。商業的性格を強めた取引所は上場銘柄を増やしたいはずであり、その取引所自身が上場審査をするという構造では、厳格な審査を期待することはできません。そこで実際には、上場審査部門を取引所の外部団体に委託するという方法が取られているようです。

そのほかにも、不正取引は規制しなければならないが、取引所としては売買高を増やしたい……という場合もあるでしょう。これは現在のところ、日本なら金融監督庁、米国ならＳＥＣ、英国ならＦＳＡ（金融サービス機構）など、市場監督は当局が担う方向になっているようです。

中立性の崩壊と業務分割・外部委託が、ここでも起きているのです。

第6章　現実と仮想の境界線

―積極的な会計手法―

アンダーセン・セントチャールズ研修施設
1990年代の企業経営者の報酬はそれまでに増して自社の株価に連動するようになった
自社株を有利に購入する権利（ストックオプション）など株価の上昇が企業経営者の報酬に大きな影響を与えるようになったためである

株価を上昇させる要因のひとつは
その企業の「利益」である
そして会計上で
利益を認識する方法は
それまでに増して
多様化・複雑化していったのだ
…そういうことで
現代会計の
目指すところは
取得原価主義から
将来の予想に
変化してきています
過去の数字から
「業績の未来を
読み取る」のが
企業会計の役目に
なってきているのです

もうついていけないよ
ディリバティブ（金融派生商品）やSPE（特別目的会社）複雑系財務モデルまで使って…
何でそこまで会計を難しくするんだろう？

企業会計は表現方法なのよ
道具が多いほど表現は柔軟になるわ
企業にとって都合のいい結果を表現するためにしか使われない道具なんじゃないかな？
四半期の収益予想をほとんどの企業が達成しているなんて信じられるかい？

1990年代初めに比べると事前予想を上回る実績を発表する企業の数は最近(90年代末)4倍にもなっているわね
考えられるのは…例えば
達成可能な利益しか予想していない…さもなければ優秀な預言者が企業幹部に増えた
でも本当はそんなことじゃないと思うな
予想を達成するために企業の会計に対するスタンスが積極的になっているのは間違いないわ

企業幹部にとっては利益の増加や株価の動きはすごく重要だもの
財務諸表の不実記載でSECが修正を命じた企業は1980年代初めには5社もなかったのに
1997年からの3年間では700社以上に修正命令が出されている
積極的な会計スタンスの結果…なんだろうね
積極会計では先物などのデリバティブ連結決算から除外できる出資先(SPE)など
それまで規制されていなかった分野の道具を使って企業にとって都合の良い業績を演出できるようになっていた

これに伴って企業側は
資産証券化のスペシャリストや
数学の博士号を持つ人たちを
会計部門に登用し
企業会計はさらに饒舌で
偏った情報に変質していき…
会計監査の主導権は
それまで以上に
企業が握るように
なっていったのだ

1999年11月
個人退職年金の管理会社だった
BFA(アリゾナ・バプテスト財団)が
破綻
ハッチンソン家
監査を担当していたのは
アンダーセンだった
アリゾナ・バプテスト財団
破産手続きを開始！
新規顧客から集めた資金を
既存の顧客への支払いに回す
というやり方で
自転車操業を続けていた財団は
破綻した時点の負債総額が
6億5000万ドル
一方回収されていた資産は
3億ドル足らずだった

こんな悲劇って…
何を信じれば いいのか わからなくなるわ
年金管理会社が 自転車操業して いたなんて!!
被害者は 1万3000人…
高齢の被害者が 多いのが切ないね
「切ない」 どころじゃ ないわ!!
会計監査は どうなって いたのよ？

リサ 公認会計士は刑事じゃないんだから…
手に入る情報でしか監査する手段はないんだし…
そんな… BFAは大規模な詐欺集団だったのよ アンダーセンの名前を詐欺行為に利用したのよ
同感だな アンダーセンではクライアントを再評価している最中なんだ 倫理性に欠けるクライアントの仕事からは撤退する方針なんだよ

クライアントだけの問題じゃないわ会計事務所の監査姿勢はどこかおかしいのよ
監査法人は「継続性のワナ」にかかっているんだわ

たしかに会計ではあるときにある方法を使うとその後はあまり考えずにその方法を用いるようになる…という傾向はあるけど

最初は
違和感があっても
それが
繰り返されることで
緩慢な速度で
会計方針は確実に
収拾のつかない
方向へと進んでいく…
…………
会計監査という仕事に
私が持っていた問題意識を
叔父と叔母が
ここまで理解していたのは
予想外だった

BFAの破綻劇で
アンダーセンはSECに
対して罰金を支払い
それとは別に
BFAの株主に対して
2億1700万ドルを
支払った
一方　BFAの詐欺行為に
関しては一貫して
「知らなかった」と主張し
アンダーセンが非を認める
ことはなかった　ただ
会計監査の制度疲労については
ある程度の真実もあったようだ…
1998年には
アンダーセンにとって
30年来のクライアントだった
ウエイスト・マネジメント社が
利益の過大評価でSECの
調査を受けた
監査責任を追及された
アンダーセンは
当時としては最高額となる
700万ドルの罰金を
SECに支払うことで
起訴を免れていたのだ…

2001年1月に経営破綻したサンビーム社は企業再生請負人として注目されていたアル・ダンラップによる会計詐欺の犠牲になった
再生が上手くいっていることを装うためダンラップは買収前年（1996年）の損失を過大表示する一方でその後2年間の業績も過大表示していたのである
会計監査を任されていたアンダーセンはサンビームの株主に1億1000万ドルを支払い和解
そしてこの動きは2001年末のエンロンの崩壊へと続いていく…
ENRON

積極的な会計手法

ＧＡＡＰ（Generally Accepted Accounting Principles＝一般に公正と認められた会計原則）は１９３０年代、ＳＥＣ支援の下で米国会計士協会（ＡＩＡ）が中心となって取りまとめた会計基準です。この基準は、ニューヨーク証券取引所の要請を受けたＡＩＡが、１９３２年に「会計五原則」として取りまとめたものを基にしています。

1. 継続性増進のため、一定の会計原則に準拠する
2. 会計の概要書を作成して証券取引所に提出し、株主の要請にこたえる
3. 記載の会計手続は継続する
4. 監査人は会計方法が一般に認められた会計原則によっているか株主に報告する
5. 会社は会計原則の権威あるリストを作成する

（『簿記の歴史』上原孝吉著、一橋出版刊、１９８６年）

また、日本でも「会計基準」が定められており（といっても法律としてではなく、会社法や金融商品取引法などの法体系に組み込まれる形ではありますが）、以下の企業会計原則を基本的なルール（一般原則）としています。

1. 真実性の原則
2. 正規の簿記の原則
3. 資本取引・損益取引区分の原則
4. 明瞭性の原則
5. 継続性の原則
6. 保守主義（安全性）の原則
7. 単一性の原則

こうして日米の会計原則を比べると、「継続性」という言葉が重複（会計五原則の1と3、企業会計原則の5）していることが分かります。

なぜ「継続性」が重要視されるのでしょうか。企業は一般的に認められている会計原則に従うかぎり、どのような会計手続きを採用することもできます。しかし、それを決算期ごとに変更したりすれば業績の比較が難しくなり、さらに会計操作の余地が生じるという懸念から、同様の会計原則・手続きを継続的に用いることになっているからです。

その一方で、慣例とか手法とか、前例やこれまでの経緯が重要視される企業会計の場合、「継続性」のワナは致命的な結果をもたらすことにもなります。「粉飾」として私たちの目に触れることになる事件の多くは、些細な数字合わせから始まっていることが多いのも、企業会計における「継続性」が成せるわざといえるでしょう。ガバナンスの観点からは、外部取締役や法律事務所、監査法人などが企業の取締役会に関わることで、こうした負の連動ができるかぎり回避されると考えられています。

映画『エンロン　巨大企業はいかにして崩壊したのか』（ＤＶＤ提供　ファントム・フィルム）で、ビル・リラック弁護士（エンロンに対する株主代表訴訟の弁護人）は、「Ｎｏと言うべき人たちは、だれもＮｏと言わなかった」とコメントしています。

アンダーセンにとってエンロンは、年間売り上げが5700万ドルにおよぶ特上の顧客でした。さらに、その数字ゲームを成り立たせるため、エンロンは優秀な人材を会計に集め、会計分野のプロであるアンダーセンを凌駕する知識を有していました。懐を満たされ、判断の主導権を顧客に奪われたアンダーセンは、エンロンの取締役会で「No」と言える存在ではなくなったのです。

『ケストナーのほらふき男爵』（E・ケストナー著、筑摩書房刊）は、会計五原則と同様に、1930年代に出版された童話です。「ホラ」に「ホラ」を重ねる主人公のミュンヒハウゼン男爵が、痛快な冒険を展開します。この童話が男爵の「ホラ」という原動力で突き進んでいくのと同様に、企業会計は継続性の力学で成り立っています。

最初は、取るに足らない程度のウソなのかもしれません。しかし、継続性の力学を背景に、会計上の誤差が無視できない規模に膨れ上がるのは時間の問題です。もちろん、無視できなくなれば〝積極的な〟会計手法が出番を待ち構えている、ということでもあります。

第7章　毒か薬か…

―可能性を追求する時代の企業会計―

アンダーセンのオフィス
「クライアントの選択」という動きがアンダーセンのなかにあったのは事実だ
しかし1990年代末からのビジネス環境ではアンダーセンに「客を選ぶ」余裕なんてなかったのが現実だった
カースティン
アンダーセンを、辞めることにしました。
金曜日にパーティーがあります。
雨天決行、絶対参加のこと。
アリスタ
カチャ
カチャ

利口なネズミへ
金曜日の件了解。
万難を排して予定します。
荷造りが下手なネズミより
カチャ
カチャ
カチャ…
金曜日
ザワ
ザワ

ザワ
ザワ
カースティン
遅いぞ!!

シンガポールからの電話を待っていたらこんな時間に…
ゴメンよ
大丈夫でもパーティーとしては盛り上がらずに終わりそうよ
キミがいなくなると寂しくなるな
うれしいわそう言ってくれると
でもそんなに遠くへ行くわけじゃないし…
じゃあニューヨークにいるんだね

近くて遠いところよ
？
アンダーセン・コンサルティングに移ることにしたのよ私…
何だって!!

アンダーセンの
コンサルティング部門だった
アンダーセン・コンサルティングは
1980年代末に
アンダーセンから独立
ただ独立の条件となった
収益の配分契約によって
アンダーセン・
コンサルティングは
1999年までに
アンダーセンに対して
およそ10億ドルを支払っていた
またコンサルティング部門の
独立と同時に
アンダーセンは再び
コンサルティング部門を
内部に創設する
アリスタはここに所属していたのだ

1990年の合意で
アンダーセンのコンサルティング部門と
アンダーセン・コンサルティングは
クライアントの規模によって
営業対象を区別するなど
両社はすみわけをはかったが
これはうまくいかなかった
1997年　両社はお互いを
国際仲裁裁判所に提訴
2000年8月の裁定を受けて
アンダーセン・コンサルティングは
アクセンチュアと名前を変え
完全な別会社となる
一方
アンダーセン・コンサルティングを
完全に失ったことで
アンダーセンの収入は
大手会計事務所(ビッグ5)の中で
最下位に転落した

S&P株価指数に採用されるアメリカ企業500社は2000年監査報酬として総額12億ドルを一方コンサルティングなど監査以外のサービスに対して総額37億ドルを監査法人に支払っていた
会計事務所の収入は監査ではなくコンサルティングが支えるようになっていたのだただ2000年代初めにはバブル崩壊を契機にIT投資への減退が顕著となりそのコンサルティング収入も頭打ちになっていくのだった

よりによって
アンダーセン・
コンサルティングへ
転職とは…
キミには
負けたよ
アンダーセンのようで
アンダーセンじゃ
ない…
キミが転職を
考えているなんて
まったく気づか
なかった
私のこと
知っているようで
まったく知らない…
スッ

アンダーセンを取り巻く環境は厳しくなっているから…
タイタニックみたいに沈んじゃうのかなアンダーセンは…？
下船する賢いネズミと船と運命をともにする荷造りの下手なネズミ…
アリスタ！
不器用すぎるぞカースティン
クルッ
……！

自由を求めてきた人たちがあの女神像を見上げたのよ
何の保証もなく
ただ可能性だけを求めて長い航海を続けてきた人たちが…
…………

その人たちがアメリカを代表する企業を興したのよ
そしてその企業に投資した人たちがいたんだね
そうよ！
何の保証もないのに
ただ可能性だけを信じて
投資する人たちがいるのよ
そして騙し騙される…
そうじゃなくて!!
!!
考えられなかったような可能性を追求する会社が常に起業されているのよ
私はその可能性を実現させてあげたい！
ボクだって…

違うわ!!
あなたは傷つきすぎたのよ
傷つきすぎて消極的な判断しかできなくなっているんだわ
これまでとはまったく違う環境に立ち向かおうとしている企業を
あなたはこれまでと同じメガネで見ているんだわ
なぜ…？
どうして新しい見方をそんなに怖がるの？
積極的な会計手法を毒にするのも薬にするのも…あなたしだいなのよ
アリスタ……

カースティン
負けないで！
怖がらないで！
アンダーセンを
取り巻く環境は
厳しいわ
あなたは
不器用だけど…
でもけっして
あきらめる人じゃ
なかった
スッ
…あきらめたら
いけないんだね？

グッ
ビュッ
ポチャ…
…………

クルッ
それなら…
確認に
すぎないけど
キミのことも
決して諦めない
ということで
いいのかな…?
…プロポーズの
ようで
プロポーズじゃない!
プロポーズじゃない?

フ…
ハ…
フフフフ…
ハハハ…
フフフフ
ハハハハ……
!
その後　例のデモ行進の日まで
２年近く私とアリスタが
再会することはなかった
だがアリスタが誰かと結婚したという
話は聞かなかったし
メガネを新しくしたからといって
私の不器用さが改善するはずも
なかった

2002年7月30日
ハッチンソン家
発表される会計報告には企業幹部が責任を持つんだから
あまり乱暴なことはできなくなるわね
幹部の責任が今まで不明確だったのが不思議なくらいだ

でも短期のベンチャーに走って企業を私物化してしまう企業幹部がどの程度までその責任を理解するかは疑問だな
会計事務所には監査以外の業務が禁止されたし一人の公認会計士が同一企業の監査を5年以上担当するのも禁止された
馴れ合いの会計監査はこれで終わりにしてほしいね
少しは仕事がやりやすくなるでしょう？

会計事務所のジレンマが単純化されたのは事実だね
会計監査に対する信用を取り戻すきっかけになってくれれば本当に助かるね
年金生活者としては…
セシル…それやめましょう
なに?
その「年金生活者」って言葉……
どうして?
年金を支給されているのは事実だし株式市場が下げれば年金の運用益も吹き飛ぶんだよ

それはそうだけど…
私はイヤだわ何かこう…限定的な言い方なのよ
ちっとも可能性を感じさせないじゃないの
わかったわかった
そういえば忘れていたんだけど…
実は…今日の夕食に招待した人がいるんだ…
ピンポーン

正直なところ
会計監査が信頼を取り戻すことで
セシル叔父さんが期待するほど
株式市場が上昇するのかは疑問だ
ただ会計不安によって株式市場が
軟調な推移となったのは事実だと思う
企業の可能性を測る方法に
絶対の道具はないが
少なくともこの道具を使う私たちが
真摯になれる環境に
一歩近づいたのかもしれない
アーサー・アンダーセンは
企業会計が
そんな道具を模索する時代に
活躍した会計事務所の
ひとつだった…

可能性を追求する時代の企業会計

ノーベル賞のパロディとして有名なイグノーベル賞は、2002年にエンロン、グローバル・クロッシング、ワールドコム、アーサー・アンダーセンなどの会社幹部に対して経済学賞を贈っています。当然ですが、受賞会社の幹部たちがセレモニーに登場することはありませんでした（http://improbable.com/ig/2002/2002-details.html）。

ちなみに、2007年のセレモニーでは、銀行強盗を網に落として捕まえる装置の特許を取得した台湾のシエ・クオ・チェン氏が経済学賞を受賞していま す。さらに、「牛の糞からバニラの香りと味のする物質（バニリン）を抽出した」ことに対して、日本人の山本麻由さんに化学賞が贈られています（http://improbable.com/ig/winners/#ig2007）。

2006年1月、東京地検特捜部は、ライブドアに対して強制捜査に踏み切りました。ライブドアは「実質的な架空売り上げと、さらに自社株の売却利益までも売り上げとして計上し、53億4700万円もの利益を捏造。そして2004

年9月期の連結決算で、実際には3億1300万円の経常赤字だったものを、50億3400万円の経常黒字とする虚偽の有価証券報告書を関東財務局長に提出した」として、証券取引法違反容疑での強制捜査が行われたのです。

自社株（この場合はライブドア株）で資金担保した「投資組合」を使うなど、このライブドアのスキームはエンロンのSPE（特別目的会社）手法を思わせる内容でした。さらに、グループ企業内の架空発注や売り上げの付け替えなど、連結決算のレバレッジも最大限に利用されていました。

ライブドア事件に関連して、同社の前身であるオン・ザ・エッジ時代から監査を担当していた港陽監査法人にも検察の取り調べが入りました。その後の2006年6月に、港陽監査法人もまた解散となったのです。

1999年から事件の勃発までライブドアの監査を担当していた公認会計士、田中慎一氏は、著書『ライブドア監査人の告白』（ダイヤモンド社刊）のなかで、「自分がやってきたプロセスや妥当性はどうであれ、自分が事件を未然に防げなかったという事実は重い。結局は、公認会計士としての責任を全うできなかったわけだから、公認会計士を名乗る資格はもはやない」と、企業会計を預かる者としての責任の所在を明確にしています。

田中氏はまた「〝健全にチャレンジすること〟と〝道を踏み外すこと〟の峻別ができていなかった。本来あるべきリスクマネジメントとかガバナンスという発想が麻痺してしまったんでしょうね」(japan.cnet.com「アントレプレナーの軌跡」インタビュー)と、ライブドア幹部たちについてコメントしています。

ライブドアと港陽監査法人、エンロンとアンダーセン――。斬新・奇抜・効率的と思えたビジネスコンセプトは、いつしか馴れ合いと継続性の積み重ねで劣化していき、軽薄で単純な数字ゲームへと質を落としていったのです。

■著者紹介

脚本：清水昭男（しみず・あきお）

1983年、南イリノイ大学コミュニケーション学部卒。トウキョウ・フォレックス、タレット・アンド・トウキョウ・インターナショナルを経て、CBOTアジア・パシフィック代表を務める。その後、ブルームバーグ・ニュースのレポーターとして、CATVで相場レポートを担当。現在は、フリーで翻訳・執筆を中心に活動中。手がけた作品は『新マーケットの魔術師』『投資苑がわかる203問』『DVD ターナーの短期売買セミナー』『DVD ガースタインの銘柄スクリーニング法』『DVD デビッド・ナッサーのデイトレード講座』『DVD アラン・ファーレイの収益を拡大する「仕掛け」と「仕切り」の法則』『マンガ LTCM』『マンガ なぜ巨大企業はウソをついたのか』『マンガ　プーチン主義のロシア』（パンローリング）など多数。

作画：小川集（おがわ あつむ）

1952年生まれ。長崎県出身。1971年県立大村工業高校機械科卒業。1975年川崎のぼるプロダクションでアシスタント。1981年独立。ゴルフや釣りなどの業界漫画を中心に、歴史学習漫画の単行本なども制作。広告用イラスト、カットなど幅広く手掛けている。2001年より宇都宮アート＆スポーツ専門学校漫画コース講師。趣味の草野球では監督も務めるほか、自らも町内会のソフトボールチームに参加している。近著に『マンガ オプション売買入門の入門』『マンガ 決算書でわかる株式投資入門』（パンローリング）などがある。

2008年 8 月 9 日 初版第 1 刷発行

PanRolling Library ㉑

マンガ　不《ふ》正《せい》会《かい》計《けい》の真《しん》実《じつ》
――粉飾決算は終わらない

脚　本　清水昭男
作　画　小川集
発行者　後藤康徳
発行所　パンローリング株式会社
〒 160-0023　東京都新宿区西新宿 7-9-18-6F
TEL 03-5386-7391　FAX 03-5386-7393
http://www.panrolling.com/
E-mail　info@panrolling.com
装　丁　パンローリング装丁室
印刷・製本　株式会社シナノ

ISBN978-4-7759-3057-1